AF451804

NOTICE NÉCROLOGIQUE

DE

MADAME DE BLÉCOUR

NÉE CAROLINE DE MAUSSION

PAR

L'Abbé Cordier

Curé de Pouilly-lès-Chéry

SAINT-QUENTIN

Imprimerie du Conservateur de l'Aisne

5, rue Saint-Jacques (contre la Halle aux grains).

—

1879

NOTICE NÉCROLOGIQUE

DE

MADAME DE BLÉCOUR

NÉE CAROLINE DE MAUSSION

PAR

L'ABBÉ CORDIER

Curé de Pouilly-lès-Chéry

SAINT-QUENTIN

Imprimerie du CONSERVATEUR DE L'AISNE

5, rue Saint-Jacques (contre la Halle aux grains).

—

1879

NOTICE NÉCROLOGIQUE

DE

MADAME DE BLÉCOUR

Martigny vient de perdre sa bien-faitrice.

Lundi, 10 février, s'endormait paisiblement du sommeil des justes, une bien respectable dame, CAROLINE DE MAUSSION, en son vivant, épouse et veuve de M. LE SCELLIER DE BLÉCOUR. Elle s'éteignait à l'âge de 82 ans et quelques mois, en son château du Cellier, dépendance de Courpierre et Martigny-sous-Laon.

Ce ne fut vraiment, à proprement parler, qu'une voix parmi tous ceux qui ont eu l'avantage de la connaître ou le bonheur de l'approcher, pour faire, à l'envi, l'éloge de ses vertus et de ses inappréciables qualités. On redisait, bien haut, quelles furent la grande bonté et la droiture de son âme, ainsi que la générosité remarquable de son cœur. La foi si profonde et si vive, qui l'anima toujours, durant sa longue carrière, paraissait dans ses actes, plus encore que dans ses paroles. L'humilité chrétienne de ses sentiments influait naturellement sur cette belle rectitude de jugement qui la distinguait à un degré supérieur (1). Le

(1) Voici une bonne parole que nous avons recueillie autrefois, des lèvres mêmes de Madame de Blécour :

« *Nous valons toujours mieux*, disait elle,
» *quand nous avons un maître, et ce maître*
» *unique c'est Dieu, à qui nous obéissons*
» *dans tous nos légitimes supérieurs.* »

C'est ainsi qu'elle traduisait à sa manière

— 5 —

bon ton et l'aisance de sa conversation,
la dignité et l'extrême urbanité de ses
manières, la délicatesse de ses bons
procédés, vis-à-vis de tous, en un mot,
ce tact si exquis, propre d'ordinaire
aux personnes de son rang, tout déno-
tait en elle les fruits excellents d'une
éducation de premier ordre et d'une
culture intellectuelle, en rapport avec
la position élevée qu'elle paraissait
appelée à occuper dans le monde, et tout
rendait, par la même, son commerce
doux et vraiment aimable. C'était comme

ce délicieux passage de nos livres saints,
Scitote quoniam suavis est Dominus (Ps. 99).

Il semblait vraiment qu'elle eût adopté,
comme une dame très-célèbre (Mme Swet-
chine), pour règle de conduite cette grande et
belle maxime, tirée en substance de nos
saints Évangiles, pressentie en partie et for-
mulée de cette sorte par l'un des plus *grands
philosophes de l'antiquité profane: « Peu de
chose, disait-il, contribue à la perfection, etc. »*

le cachet spécial de cette haute nais-
sance, qui faisait, dit-on, remonter son
origine à l'une des plus nobles familles,
venues jadis en France, à la suite de
revers, c'est-à-dire à la *maison* des
Douglas et des Stuart d'Ecosse.

Du reste, nous savons que sa vie
fut loin de démentir jamais, en quoi
que ce soit, une si noble et si belle
origine : *Noblesse oblige.* Aussi vit-on
cette âme. toujours grande, s'appliquer
constamment, ainsi que la *femme forte,*
à des œuvres, non moins nobles que
simples et généreuses, vrai caractère
de ces âmes d'élite que le monde bien
souvent ne sait apprécier, et qui ont
cependant le privilège rare de traver-
ser sa corruption profonde, sans en
être atteintes ni infectées : « *quorum
dignus non erat mundus.* » « *Dont le
monde n'était pas digne.* »

Que dire du bien que Madame de Blécour sema partout sur ses pas? Il n'y avait souvent que les infortunés qu'elle aimait à secourir, soit par elle-même, soit par des personnes qu'elle chargeait si volontiers de ce soin, qui connussent la main délicate et discrète, qui venait en aide aux infirmités de leurs corps, en même temps que sa foi et sa charité s'employaient activement à la guérison de leurs âmes, car l'une des ambitions principales de sa charité fut toujours de chercher à atteindre par le corps, s'il était possible, l'âme même de ceux qu'elle aima tant de fois à secourir corporellement.

Le bien qu'elle procurait ainsi à la religion et par conséquent à toute la société fondée, avant tout, sur cette religion divine, ce bien était incalculable et plus considérable qu'on n'eût semblé être en droit de l'attendre, même d'une personne de son rang ou de sa condition. Point de sorte de bonnes œuvres, en effet, qu'on ne l'ait trouvée toujours prête, soit à encourager de ses conseils, soit à seconder au prix de son temps et de tous ses moyens. Inutile d'entrer ici dans un plus long détail sur son inépuisable charité : elle eût été cependant de nature à grandement édifier d'autres encore que ceux qui ont pu la connaître et l'apprécier à sa juste valeur, et nous avons eu l'avantage d'être de ce nombre privilégié.

Ce qui doit le plus toucher dans cette vie si bien remplie de Mme de Blécour, c'est surtout le soin qu'elle apporta, vers les derniers temps de sa vie, et plus de dix ans même, avant sa mort, à se pénétrer de plus en plus du compte exact et rigoureux que tous, sans distinction de grands ni de petits, sont appelés tôt ou tard, à rendre au suprême Dispensateur, des dons et des talents divers qu'il a daigné nous confier. « *Demandez pour moi*, répétait-elle souvent, dans ses conversations et dans ses lettres, à certaines personnes, *demandez à Dieu, à mon intention, la grâce d'une bonne et sainte mort.* »

Aussi cette grâce précieuse ne lui fut point refusée, nous en avons la douce et bien juste confiance.

Telle a été, au moment de sa mort, l'impression de ce sentiment général de confiance, qu'il se manifestait hautement parmi toutes les personnes qui en furent les heureux témoins, aussi bien que parmi ceux qui purent assister à ses touchantes obsèques. Le calme, la paix et la douce sérénité qui, de cette tombe si simple et au milieu de cette humble bourgade, qu'elle affectionna tant, semblaient comme planer et rejaillir de toutes parts, sur les assistants si recueillis et si nombreux qui l'entouraient, n'indiquaient-ils pas combien le souvenir si précieux de ses vertus et de ses bonnes œuvres, était présent à la pensée et au souvenir de tous et de chacun ?

La modestie vraie et sincère, l'humilité profonde qui l'accompagnèrent jusqu'à son dernier soupir, n'ont point dû permettre que rien ait pu trahir, au dehors, le secret intime d'une si belle vie, consacrée au service de Dieu et au soulagement de ses frères.

On nous pardonnera néanmoins, peut-être, à nous-même, nous l'espérons, notre témérité et notre indiscrétion ; du moins, en faveur de l'édification commune, qui revenait de droit au prochain. Si nous avons cru devoir laisser transpirer, ici, quelques traits de cette vie, la modestie des siens pourra encore, *malgré tout*, trouver une assez large part pour se satisfaire : « *In memoria æterna erit justus : ab auditione mala non timebit.* »

« *La mémoire du juste sera éternelle : elle n'aura à redouter ni la médisance ni les discours injustes des méchants.* »

(Ps. 111, verset 7.)